5/1

Andrea Branzi

Open Enclosures

Photographies Patrick Gries

Fondation *Cartier*
pour l'art contemporain

Ellipse

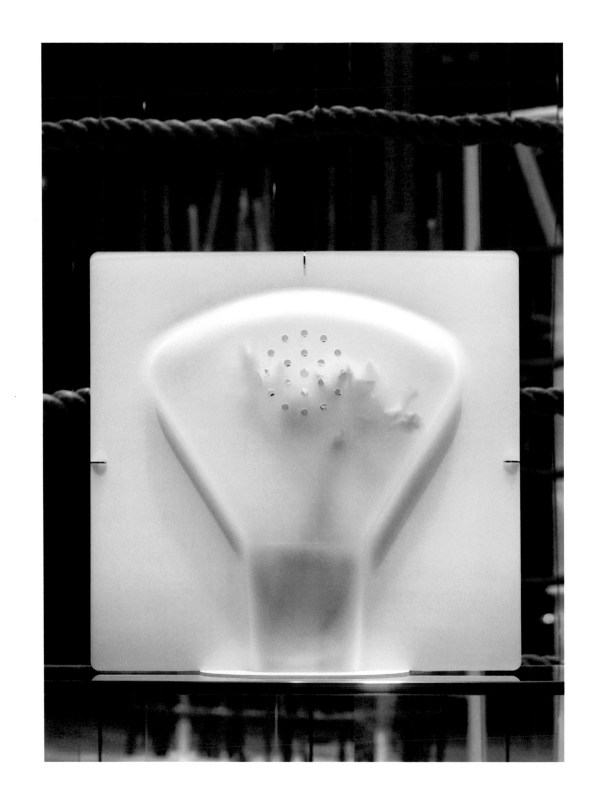

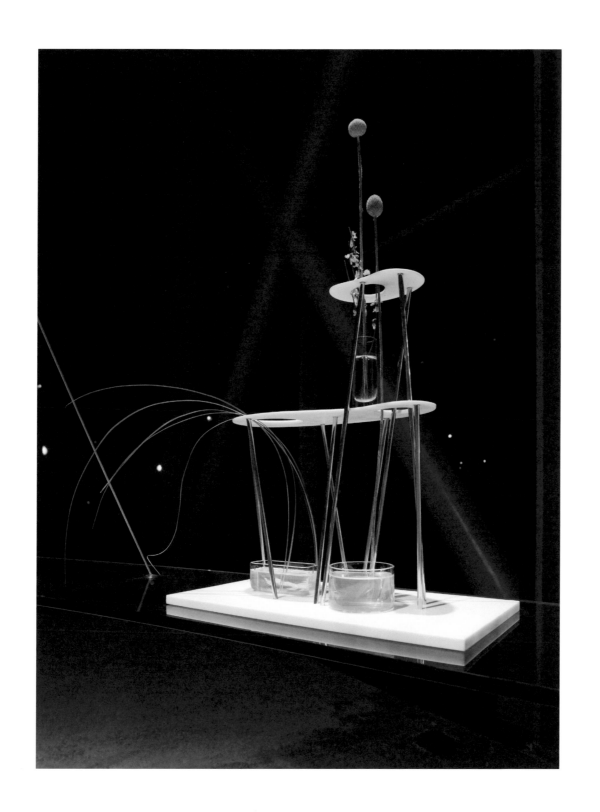

Gazebo

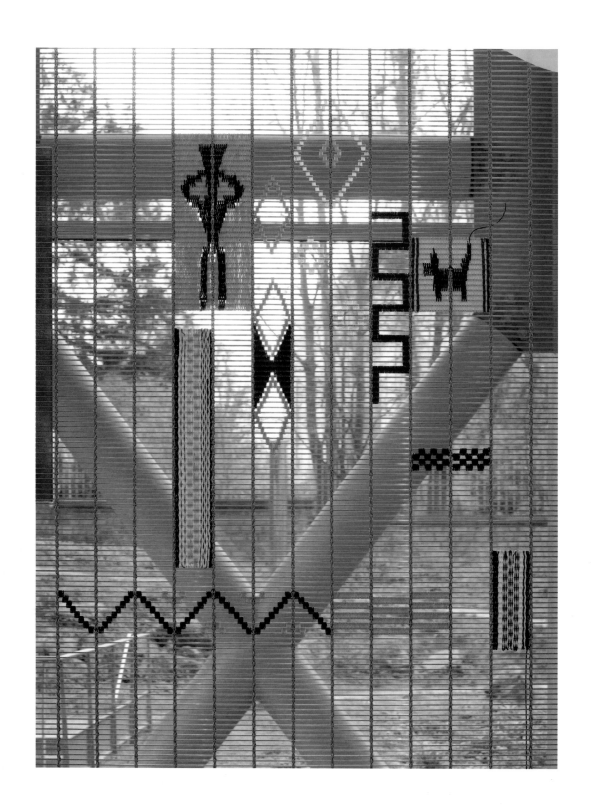

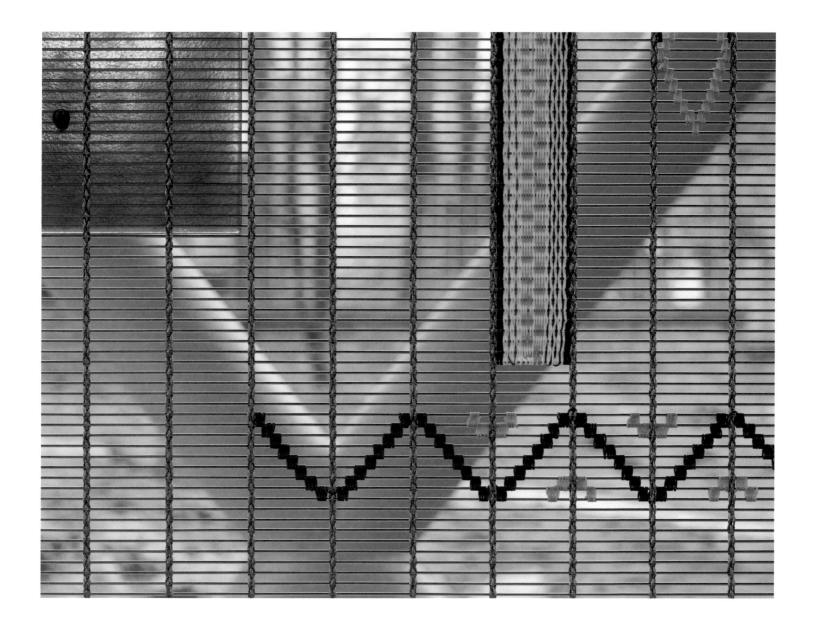

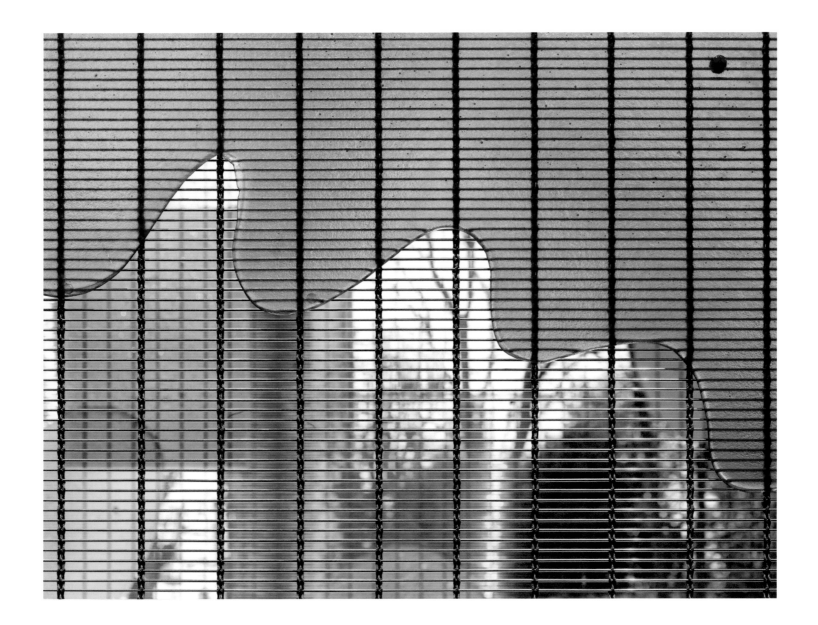

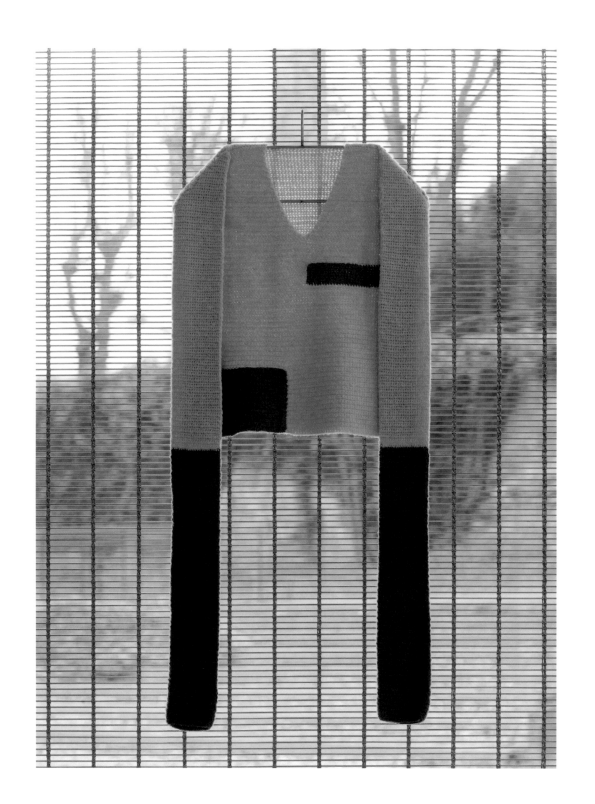

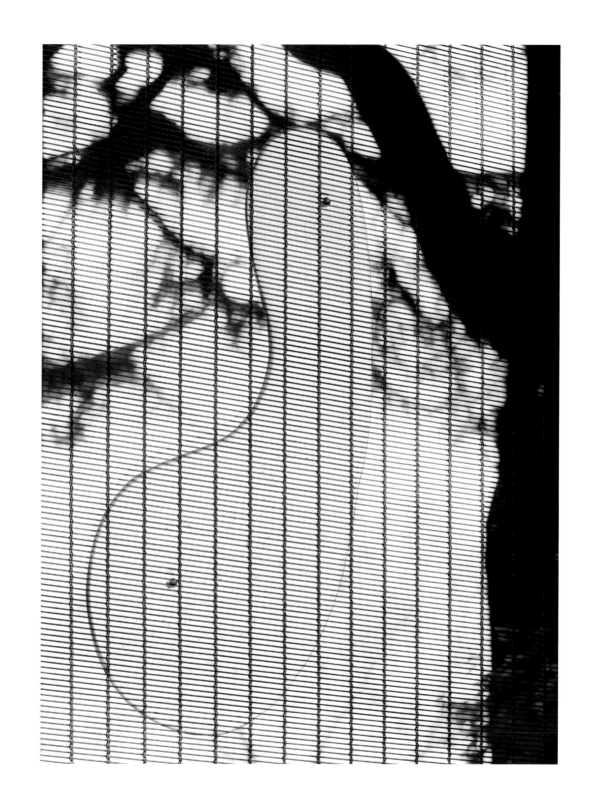

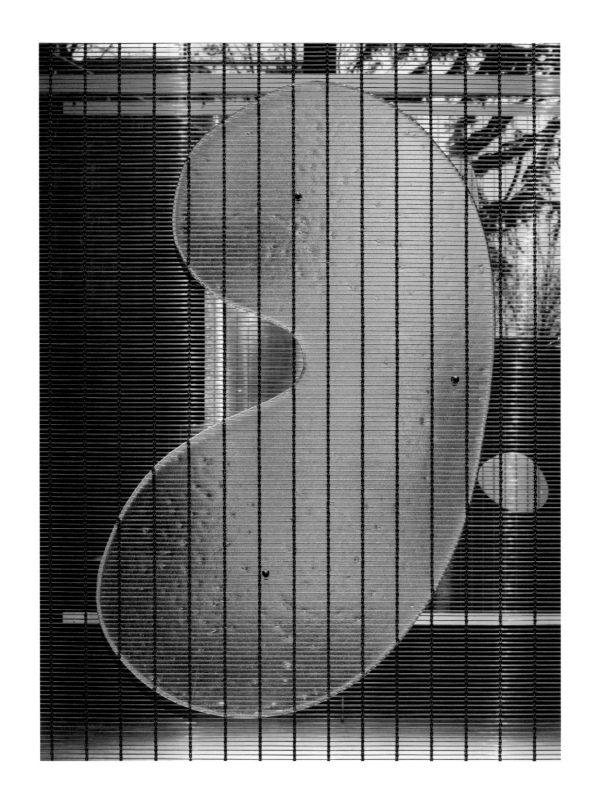

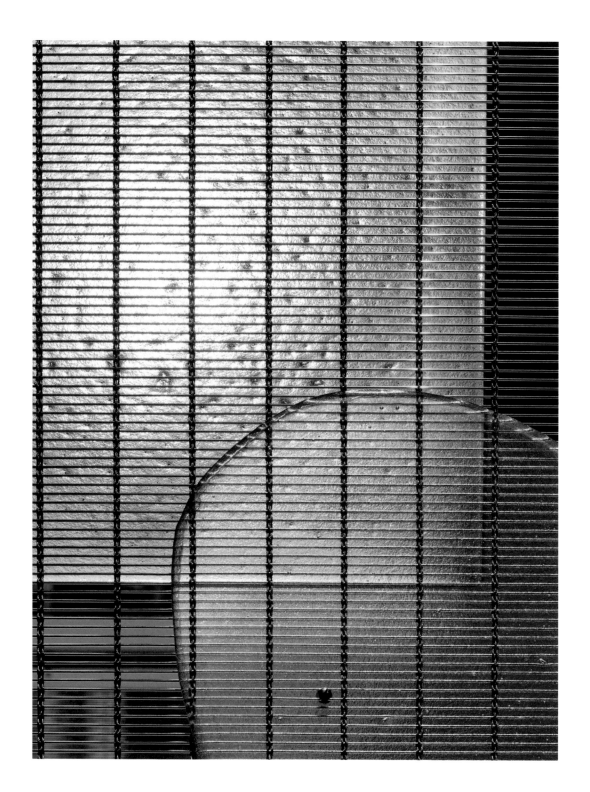

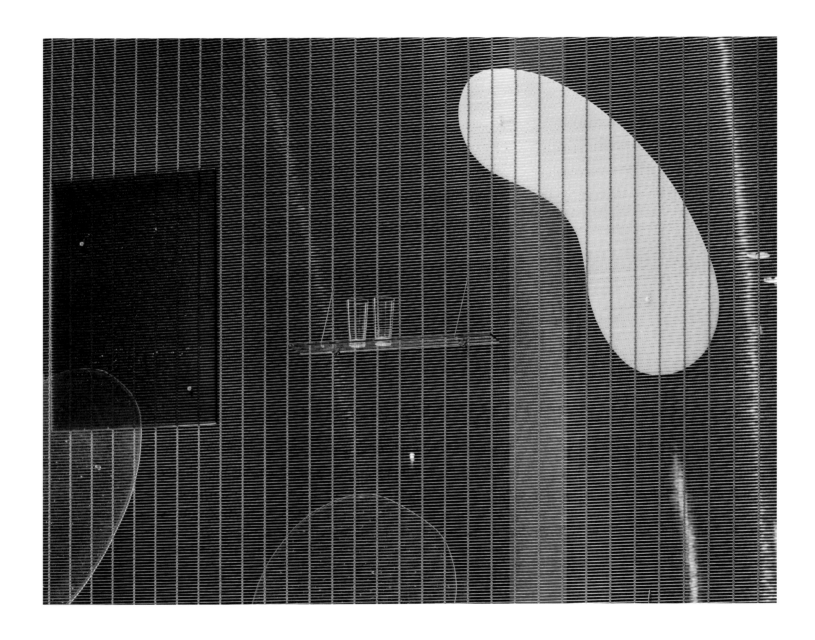

Entretien avec / Interview with Andrea Branzi

Catherine David & Leanne Sacramone

Catherine David: The installations you designed for the Fondation Cartier combine formal and conceptual characteristics that have always been at the core of your research. Could you tell us how these projects were conceived and explain some of the principles they develop?

Andrea Branzi: The two projects that I created for the Fondation Cartier are architectural installations made using construction techniques that are different from those used in traditional architecture. They are spaces that are transparent and traversable, and the techniques used to construct them are akin to those used in handicrafts. What characterizes them are little things, like the use of woven glass and rope. These two projects are in keeping with the ideas expressed in my book, *Weak and Diffuse Modernity*, which explores the possibility of taking architecture to an abstract level, a level of immateriality.[1] Rethinking architecture, in other words, not just as a technique for building buildings, but as a strategy for transforming the world by changing small things. My work is in fact based on the observation that, over the past few centuries, every other artistic and cultural activity except architecture has broken out of its institutional limits. For example, painting has become abstract, music has turned into noise and begun to go beyond harmonics, writing has taken the form of a sort of stream of consciousness... All of these fields have evolved in this direction, towards fluidity, dematerialization, exploring other areas of experience and knowledge. But architecture has remained architecture. It has changed its shape and renewed its technologies, but ultimately remains an activity whose goal is to produce boxes, an activity that continues to see the city as a whole, as a territory characterized by figurative architectural boxes. Architecture is still not able to interact with an urban, metropolitan environment, where cities are seen as territories of experience whose quality is defined, not by the form of their buildings, but by the little things, the products, the people, the clothing, the information, the services. Architecture needs to start working on these elements in order to attain a level of flexibility, transparency and elasticity, as well as a form of poetic expression.

Catherine David: What is striking and very intriguing about these installations is that you have found a way of making the in-between, the gaps, and the material contrasts perceptible. You seem to have concentrated all of your research into these very unusual objects, meta-objects that can inhabit different spaces, somewhere between architecture and object, between sensible materiality and cognitive space.

Andrea Branzi: What makes this space specific is not its overall shape, which is very simple, archetypal; it's something found on a different level, in the details, like the construction technique, for example, or a surface that can be taken apart. Architecture is no longer a composition of volumes, it's now based on the philosophy of electronics in which objects no longer have just one function (like computers, for example). The urban network is characterized by a portable computer every 20 square meters. As for the rest of the city, it's nothing but a set of infrastructures! The way space is used changes over time. The city, in Milan or Paris, is still the same. Nothing has changed in the architectural landscape except, of course, for a few new buildings. But if we take a closer look, we'll notice that universities have been set up in factories, museums in gasworks, banks in garages.

1. Andrea Branzi. *Weak and Diffuse Modernity, The World of Projects at the beginning of the 21st Century*. Milan: Skira, 2006.

Catherine David : Les installations que vous avez conçues pour la Fondation Cartier réunissent des caractéristiques formelles et conceptuelles qui sont au centre de vos recherches depuis toujours. Pouvez-vous revenir sur la conception de ces projets et sur les principes qu'ils développent ?

Andrea Branzi : Les deux projets que j'ai créés pour la Fondation Cartier sont des installations d'architecture, réalisées avec des techniques de construction différentes de celles utilisées par l'architecture traditionnelle. Ce sont des espaces transparents, traversables, construits avec des techniques proches de l'artisanat. Ce qui les distingue, ce sont de petites choses comme le tissage du verre et de la corde. Ces deux projets vont dans le sens de la réflexion énoncée dans mon livre *Weak and Diffuse Modernity*[1], visant à porter l'architecture à un niveau d'immatérialisation, à un niveau abstrait, c'est-à-dire à envisager une architecture qui n'est pas seulement une technique servant à réaliser des bâtiments, mais le résultat d'une stratégie visant à transformer le monde par de petites choses. En effet, mon travail s'appuie sur le constat que, dans les siècles passés, toutes les activités d'art et de culture autres que l'architecture sont allées au-delà de leur limite institutionnelle. Par exemple, la peinture est devenue abstraite, la musique s'est transformée en bruit et a commencé à aller au-delà de l'harmonie, l'écriture a pris la forme d'une sorte de flux mental… Tous ces domaines ont évolué dans cette direction de fluidification, de dématérialisation pour gagner d'autres territoires d'expériences, de connaissances. Mais l'architecture, elle, est restée architecture. Elle a changé sa forme, elle a un peu renouvelé ses technologies, mais elle est restée au final une activité qui vise à produire des boîtes, une activité qui perçoit encore la ville comme un ensemble, comme un territoire caractérisé par la présence de ces boîtes d'architecture figurative. L'architecture n'est pas encore entrée dans une dimension où elle prendrait contact avec une condition urbaine, métropolitaine, où la ville serait un territoire d'expériences dont la qualité ne réside pas dans la forme des bâtiments, mais dans les petites choses, les produits, les personnes, les vêtements, les informations, les services. Il faut que l'architecture commence à travailler sur ces éléments pour atteindre cette dimension de flexibilité, de transparence et d'élasticité, mais aussi une forme d'expression poétique.

Catherine David : Ce qui est très étonnant et très attirant dans ces installations, c'est que vous trouvez les moyens de rendre perceptibles des entre-deux, des écarts, des contrastes de matérialité. Ce sont des objets très particuliers qui me semblent condenser toutes vos recherches, des méta-objets qui s'inscrivent entre différents espaces, entre l'architecture et l'objet, entre la matérialité sensible et l'espace cognitif.

Andrea Branzi : Ce qui fait la spécificité de cet espace, ce n'est pas sa forme globale, qui est très simple, archétypale, mais c'est quelque chose qui se joue à une autre échelle, sur des détails, comme la technique de construction ou la réalisation d'une surface qui soit démontable. L'architecture n'est plus une composition de volumes, elle repose aujourd'hui sur la philosophie de l'électronique où les objets n'ont plus une seule et unique fonction (comme l'ordinateur, par exemple). Le tissu urbain est caractérisé par la présence d'un ordinateur portable tous les 20 m², le reste de la ville n'est qu'un ensemble d'infrastructures !

1. Andrea Branzi, *Weak and Diffuse Modernity, The World of Projects at the beginning of the 21st Century*, Skira, Milan, 2006.

I myself live in a former industrial laboratory. So the city changes in an invisible way, in terms of the spaces that are converted, in terms of the objects that make up its furnishings. Furniture, the objects and the elements of interior design have become very flexible. We can transform, reorganize things. The city changes along with these elements. Strategic change on this scale is the historical condition for a globalized society, in a way, especially for an ever-changing society that needs to keep evolving every day in order to survive, that needs to be refunctionalized and readapted all the time. I think awarding the Nobel Peace Prize to Muhammad Yunus is emblematic of this philosophy, of this logic: micro-economics means the possibility of changing the lives of 170 million people, not through big structural reforms (they may have provided good results in the past, but they also produced huge disasters), but through an economy based on small amounts of money which are redistributed, and whose global effects are quite extraordinary.

Catherine David: It seems to me that your work makes references to other cultures and civilizations. I'm thinking in particular of Japan, Japanese space, culture, rhythm.

Andrea Branzi: Yes. The poetic quality, the aesthetic quality of space—which in my installations can be found in the delicacy and poetry of the ikebana—is, I think, the big political problem of today. In our society we're going to have to improve the quality of the hospitality, of the habitability of both the environment and the modern metropolis, or else there will be a serious political crisis. I remember the speech given by the Russian poet Joseph Brodsky when he received his Nobel prize. He said that the crisis that shook the socialist countries was the result of an aesthetic crisis, because the aesthetic shock produced by an environment that's out of control, where there's no quality of living, produces an ethical shock, for aesthetics and ethics are closely related. So we have to be very careful, for in addition to the ecological problem, aesthetic pollution can affect the quality of our everyday living space and lead to political protest. This has not yet been understood on a political level. Thus, in my work I seek an aesthetic quality of space, which I believe is a question of a political nature. Ecologists only talk about the problem of the overall quality of the environment, but in my opinion they don't understand that there's another problem as well, a problem of aesthetic pollution, which can also produce another kind of crisis. As we saw in the socialist countries. Joseph Brodsky's analysis is very interesting. I knew those countries quite well, and it really was like that. Their social system was based on the idea that all that was needed was to take care of social issues by using the right formulas. No, that's not enough. Life is more complex than that.

Catherine David: This ethical plea for aesthetics, which could also be attributed to a conservative point of view, is forward-looking in your case. You're very interested in new inventions, in new developments, in a potential clash between materials. And it has nothing to do with an interest in beauty for beauty's sake—which would inevitably be the beauty of a past age.

Andrea Branzi: I don't think I'm the only one, many others share the same concern. For example, last spring, we organized

La manière d'utiliser l'espace change dans le temps. À Milan ou Paris, la ville est toujours la même ; c'est un paysage d'architecture où rien n'a changé, à part évidemment quelques nouveaux bâtiments. Mais si on regarde attentivement, on s'aperçoit que des universités ont été aménagées dans les usines, des musées dans les gazomètres, des banques dans les garages. J'habite moi-même dans un ancien laboratoire industriel. La ville se transforme ainsi de façon invisible, juste en fonction de l'aménagement des lieux, à partir des objets qui constituent l'ameublement. Le mobilier, les objets et les éléments de design intérieur sont devenus très flexibles. On peut changer, réorganiser les choses. La ville évolue en fonction de ces éléments. Ce type de changement d'échelle stratégique, c'est un peu la condition historique d'une société globalisée, mais surtout d'une société en mutation qui doit changer tous les jours pour survivre, qui a besoin d'être toujours refonctionnalisée et adaptée. Je crois que l'attribution du prix Nobel de la paix à Muhammad Yunus est emblématique de cette philosophie, de cette logique : la micro-économie, c'est la possibilité de changer la vie de 170 millions de personnes, non pas à travers de grandes réformes structurelles (qui ont certes pu donner de bons résultats par le passé mais qui ont également provoqué d'énormes désastres), mais à partir d'une économie fondée sur des petites quantités d'argent à redistribuer et qui produisent un effet global extraordinaire.

Catherine David : Il me semble que votre travail fait référence à d'autres cultures et civilisations. Je pense notamment au Japon, à l'espace, à la culture, au rythme japonais.

Andrea Branzi : Oui. La qualité poétique, la qualité esthétique de l'espace – qu'on retrouve dans mes installations à travers la délicatesse et la poésie des *ikebana* – c'est à mon avis le grand problème politique contemporain. Dans notre société, ou bien l'on est capable d'améliorer la qualité de l'hospitalité, de l'habitabilité, que ce soit de l'environnement ou de la métropole contemporaine, ou bien il y aura une grave crise politique. Je me rappelle du discours du poète russe Joseph Brodsky lorsqu'on lui a remis le prix Nobel. Il disait que la crise politique des pays socialistes était le résultat d'une « crise esthétique », parce que le choc esthétique dans un environnement qui est hors de contrôle, hors de toute qualité de vie, produit un choc « éthique », car esthétique et éthique sont très liées. Il faut donc faire bien attention, car au-delà de la question de l'écologie, il existe une pollution esthétique qui affecte la qualité de l'espace de la vie quotidienne, et qui peut vraiment produire un refus politique – un refus que la classe politique n'a pas encore compris. Ainsi dans mon travail je cherche à atteindre une qualité esthétique de l'espace, ce qui est une question d'ordre politique. On voit que les écologistes parlent uniquement du problème de la qualité globale de l'environnement, mais à mon avis ils ne comprennent pas qu'il y a aussi un autre problème, celui d'une pollution esthétique, qui peut lui aussi produire une autre forme de crise. Comme on l'a vu, en effet, dans les pays socialistes. L'analyse de Joseph Brodsky est très intéressante. J'ai bien connu ces pays, c'était vraiment comme ça : un système social qui pensait que du moment que l'on avait adopté de bonnes formules pour les questions sociales, ça suffisait. Non, ce n'est pas seulement ça. La vie est plus complexe.

an exhibition of young Italian designers at the Milan Triennale. It was an experience that was full of surprises. Design has now become a mass profession, but when I started out in Milan there were only about twenty designers. We asked young designers to send in their projects for the exhibition via the Internet, and we received over 1,500 proposals. And it's not just an Italian phenomenon. There are 50,000 students studying design in Europe, 70,000 in Japan, nearly 35,000 in Korea. In the past few years, China has opened 200 design schools. Design has become a mass profession, even in countries that aren't very industrialized, because it's considered to be an energetic field that produces innovation. Design has become a major protagonist today because globalized competition makes it necessary for companies to innovate every single day. For this exhibition at the Triennale we chose approximately 200 young designers who work, not on tables or chairs or sofas, as in our tradition, but in an interstitial domestic area, i.e., on small things, on very light, pleasurable objects. They're aiming to get into the empty spaces of contemporary society, to create a certain quality of hospitality, of habitability in the city via things that seem quite useless. It's very important to work on useless things.

Catherine David: You're a designer who has often worked on objects verging on the useless, or of paradoxical utility, thought-provoking objects that anticipate certain cultural or social changes. And it seems to me that this is also found in the work of certain designers that you're interested in, like the Bouroullec brothers. You've also created objects that, in terms of scale and usage, were more like "models," somewhere between architecture and object. This is far removed from the doxa that sees design as purely functional and productivist, intended for a purely consumerist society.

Andrea Branzi: Yes, that's true. I talk about uselessness in a positive sense, as a quality that represents an overflowing of energy, an overflowing of generosity. In my opinion, investing a lot of energy in this idea of uselessness is something that's very important on an anthropological level, because all civilizations and societies have developed by putting lots of energy into things we call useless: music, poetry, art, enjoyable things. That is what has enabled civilizations to develop, not just functional objects. It's knowing how to add a gift to what already exists, like a flower, and that's very important on the social and political level. We need this kind of attention, innovation and generosity, things which are materialized through objects of hospitality. Japanese civilization has put a lot of energy into this sort of thing. If we look at the great Japanese interior designers—Shiro Kuramata, for example—we can see that it's the interior that produces this sense of hospitality.

Catherine David: Let's talk about your recent objects, and those you're exhibiting at the Fondation Cartier. The more I look at them and the more I listen to you, the more it seems to me that your work subverts the idea (and the practice) of applied productivist functionalism. These works make me think of the work of Helio Oiticica or Fausto Melotti, even though the materiality of your objects is much more complex. They aren't useful objects, certainly, in the way that a work of art isn't useful, but they suggest other possibilities to us, such as slowing down or stopping when things are going too fast, inviting people to think, to get back in touch with their sensorial and emotional faculties.

Catherine David : Cette exigence éthique de l'esthétique, qui pourrait être revendiquée par un esprit conservateur, est chez vous tournée vers l'avenir. Vous êtes très attentif à ce qui s'invente, ce qui se développe, aux possibles confrontations des matières. Ce qui n'a évidemment rien à voir avec la préoccupation de la beauté pour la beauté, qui serait toujours la beauté d'avant-hier.

Andrea Branzi : Je crois que ce n'est pas seulement ma préoccupation, mais celle d'un grand nombre de personnes. Par exemple, au printemps dernier, on a organisé à la Triennale de Milan une exposition de jeunes designers italiens. Ce fut une expérience qui a donné beaucoup de surprises. Le design est devenu aujourd'hui une « profession de masse », alors que lorsque j'ai débuté, à Milan, nous n'étions qu'une vingtaine de designers. Nous avons demandé aux jeunes designers d'envoyer par Internet leur projet pour l'exposition. Nous avons reçu plus de 1 500 propositions. Et ce n'est pas seulement un phénomène italien. En Europe, il y a 50 000 étudiants en design, 70 000 au Japon, presque 35 000 en Corée. La Chine, ces dernières années, a ouvert 200 écoles de design. Le design est devenu une profession de masse, également dans les pays qui ne sont pas très industrialisés, parce que le design est vu comme une énergie qui produit une « innovation ». C'est aujourd'hui un protagoniste majeur parce que la concurrence globalisée oblige toutes les entreprises à « innover » au quotidien. Pour cette exposition à la Triennale, on a choisi à peu près 200 jeunes designers qui travaillent, non plus sur des tables, des sièges ou des sofas (comme le veut notre tradition), mais sur une dimension domestique interstitielle, donc sur de petites choses, sur des objets très légers, très agréables. Ces designers cherchent à entrer dans les espaces vides de la société contemporaine, à réaliser une sorte de qualité d'hospitalité, d'habitabilité de la ville à partir de ces choses qui semblent inutiles. Travailler sur les choses inutiles, c'est très important.

Catherine David : Vous êtes un designer qui a souvent travaillé sur des objets au bord de l'inutile, ou d'une utilité paradoxale, des objets de réflexion anticipant sur certaines transformations culturelles ou sociales, ce qui est également présent dans le travail de certains designers qui vous intéressent comme les frères Bouroullec. Vous avez aussi produit des objets qui, en termes d'échelle et d'usage, étaient plutôt des « modèles », entre objet et architecture. On est loin de la doxa d'un design purement fonctionnel et productiviste pour une société purement consumériste.

Andrea Branzi : Effectivement, je parle de l'inutilité dans une approche positive, comme une qualité représentant un surplus d'énergie, un surplus de générosité. À mon avis, investir beaucoup d'énergie dans cette question de l'inutilité est une chose très importante sur le plan anthropologique, parce que toutes les civilisations, toutes les sociétés se sont développées à partir d'une grande énergie portée à ce qu'on appelle l'inutile : la musique, la poésie, l'art, les choses plaisantes. C'est cela qui a permis aux civilisations de se développer, et non pas seulement les objets fonctionnels. Savoir ajouter un cadeau à ce qui existe, comme une fleur, c'est vraiment fondamental sur le plan social, politique. On a besoin de ce type d'attention, d'innovation, de générosité, qui trouvent leur réalisation à travers les objets de l'hospitalité. La civilisation japonaise a consacré beaucoup d'énergie à cela. On voit que la qualité de l'hospitalité naît de l'intérieur de l'espace chez les grands designers d'intérieur japonais, comme Shiro Kuramata par exemple.

Andrea Branzi: In order to answer the question, "Are these objets d'art or not?" I'd say that they're objects of design that belong, in my opinion, to a certain type of Italian tradition. I say "Italian" in reference to a certain philosophy. That is, they use a technique for its aesthetic possibilities and art for its technical possibilities. Their domain is neither in the area of artistic performance nor of technical performance. Take, for example, the use of glass. Glass is an extraordinary material, it's transparent, but it's usually used in a traditional way, such as here in the Fondation Cartier building, where it is sustained within a structure that supports it. But glass can also be used in other ways in architecture. For example, in the *Ellipse*, the use of weaving makes it possible for the glass not to be sustained by a metal frame. At the CIRVA we worked on creating glass that would be self-sustaining, that could support itself. In other words, we can use these techniques and technology to serve art and art can be used to serve technology. That, in my opinion, is the territory of design. I describe my book, *Weak and Diffuse Modernity*, as a work of "theoretical physics".[2] That's what my work always is: it's not applied physics, it lies within the area of theoretical physics, that is, it develops theorems and forms of logic that are not for immediate use, but provide future possibilities, applications over time. So much is changing in society, in the economy, in cities, and in technology that it's impossible for architecture to function without an experimental laboratory. We need to have that possibility, we need an activity that's not concerned with immediate market applications, an activity that demands another kind of time, specific tools, but which will have real effects. There's a lot of energy these days in contemporary design, but it all seems to go towards producing new types of chairs, sofas, tables and lamps. However, these objects never make it to the market. Architecture, on the contrary, is still seen as a profession linked to the business of building and construction, whose growth is determined by the market. But the reality is much more complex, architecture also needs to have its own area of independent research, its own forms of thought, of experimentation. In fact, the difference today between a designer and an architect is not so much a professional difference as a philosophical difference.

Leanne Sacramone: Your exploration of the idea of horizontality, of territory as extending into space, which is connected to agriculture, can be found in the Ellipse. *And the interweaving of natural materials—such as rope—brings to mind very basic handicraft techniques. How is this installation related to these ideas?*

Andrea Branzi: That's right, in this installation we find the theme of architecture as an activity which is less figurative and more enzymatic, i.e., which transforms the territory horizontally; architecture that is closer to agriculture than to the contemporary exhibitionist buildings of today. An agricultural landscape is extraordinary because it's a culture that's horizontal, spread out, that doesn't have a definite boundary, that can change. It's a territory that's almost infinite and that changes over time (changing the crops isn't a big problem), but which has never produced a "cathedral," in other words, a powerful symbol. Contemporary agriculture has reached the highest level of technology because it's a genetic technology that's linked to changes over time, over the seasons, changes in the weather, with a self-adjusting equilibrium that changes with time.
I think the relationship between architecture and agriculture is a theme for the future. During the Classical Age, agriculture

2. Andrea Branzi, *Weak and Diffuse Modernity*, p. 7.

Catherine David : Je reviens sur les objets récents, et ceux que vous montrez à la Fondation Cartier. Plus je les regarde, et plus je vous écoute, plus il me semble que votre œuvre subvertit l'idée (et la pratique) d'un fonctionnalisme productiviste, appliqué. Ces œuvres m'évoquent le travail de Helio Oiticica ou Fausto Melotti, même si la matérialité de vos objets est beaucoup plus complexe. Ce ne sont certes pas des objets utiles, au sens où une œuvre d'art n'est jamais utile, mais qui nous renvoient aussi à d'autres possibles, comme ralentir, arrêter quand ça va trop vite, et inviter les gens à la réflexion, à retrouver toutes leurs capacités sensibles et émotionnelles.

Andrea Branzi : Pour répondre à la question « A-t-on affaire à des objets d'art ou non ? », je dirais que ce sont des objets de design qui appartiennent, je crois, à un certain type de tradition italienne. Je dis *italienne* pour renvoyer à une certaine philosophie. C'est-à-dire qu'ils utilisent la technique pour ses possibilités esthétiques, et l'art pour ses possibilités techniques. Ils ne se placent ni sur le territoire de la performance artistique, ni sur celui de la performance technique. Voyez, par exemple, l'utilisation du verre. Le verre est un matériau extraordinaire, transparent, mais qui est en général utilisé, comme on le voit ici dans le bâtiment de la Fondation Cartier, de manière traditionnelle, et toujours maintenu à l'intérieur d'une structure qui le soutient. Mais le verre peut être aussi utilisé dans l'architecture d'une autre manière, comme dans l'*Ellipse*, où le tricotage permet au verre de ne pas être maintenu dans un cadre en métal. Avec le CIRVA nous avons travaillé sur la création d'un verre autoportant, qui se soutient lui-même. Cela pour dire qu'on peut utiliser la technique, la technologie, au service de l'art, et l'art au service de la technologie. Je crois que c'est cela le territoire du design. Je décris mon livre *Weak and Diffuse Modernity* comme un ouvrage de « physique théorique[2] » et mon travail est toujours cela : ce n'est pas de la physique appliquée, mais un travail à l'intérieur de la physique théorique, c'est-à-dire qu'il développe des théorèmes et des formes de logique qui ne sont pas destinés à être immédiatement utilisés, mais qui donnent des possibilités futures, des applications dans le temps. En effet, il y a tellement de changements dans la société, dans l'économie, dans la ville, dans la technologie, qu'il est impossible que l'architecture fonctionne sans avoir de laboratoire expérimental. Il est nécessaire d'avoir la possibilité d'une activité qui soit complètement en dehors d'une application immédiate sur le marché, une activité qui nécessite un temps différent, des outils particuliers, et qui va produire un effet. Le design contemporain développe une énorme quantité d'énergie, mais qui semble destinée à réaliser des nouvelles formes de sièges, de sofas, de tables, de lampes. Mais ces objets n'arrivent jamais sur le marché. L'architecture, au contraire, est encore vue comme une profession pour construire, pour bâtir, se développant selon les possibilités offertes par le marché. Mais c'est une réalité bien plus complexe, l'architecture a également besoin d'un territoire de recherche autonome, de formes de réflexions ou d'expérimentations. En effet, aujourd'hui la différence entre un designer et un architecte, je crois que ce n'est pas exactement une différence professionnelle, mais plutôt une différence philosophique.

Leanne Sacramone : On retrouve dans l'Ellipse votre recherche sur l'idée d'horizontalité, de territoire qui s'étend dans l'espace et qui est lié à l'agriculture. On perçoit également à travers le tissage d'éléments naturels – comme la corde – des techniques artisanales, primitives. Dans quelle mesure cette installation est-elle liée à ces réflexions ?

2. Andrea Branzi, *Weak and Diffuse Modernity*, p. 7.

was a semi-architectural reality and architecture was a semi-agricultural reality. It was a mixture (in the Mediterranean countryside, you can see this very interesting kind of mix). In the 20th century, an alliance between architecture and industry was established, and this is the basis of all modern movements. Perhaps with the current developments in contemporary culture, we can start thinking of a new alliance between architecture and agriculture. In my work, I often try to incorporate natural materials or symbolic forms associated with nature directly into the architecture.

Catherine David: What you express about the political aspect of your work could be related to what's been called the "distribution of the sensible," as defined by Jacques Rancière, i.e., that the political potential, the possibilities of a work lie not in the gesticulation, in the proclamation of an ideological position, but in a system of differences, nuances and qualities that allow a subject to experiment, to imagine and to (re)position him or herself within the "sensible" and political space.

Andrea Branzi: I think the role of democracy is not just to provide social justice. The aim of democracy is the quality of the city—to create an environment of the highest quality. The aim of politics is also justice, equality, etc., but it cannot be achieved without visible results. Solving one problem is not enough. The problem of equality is very important, but if the city isn't improved in a visible, audible, real way, that becomes a very serious political shortcoming. This is an idea that politics is starting to consider, although it still tends to focus on one single problem—the quality of the environment, the ecological issue. But that's just one element among others, and in wanting to respond to only one single problem, we have to be careful not to cause an aesthetic catastrophe. I'm constantly arguing with my designer friends who work in ecological design and who end up making paper furniture that's an aesthetic disaster. I tell them to be careful because if preserving the environment means making a more brutal, more unpleasant environment, then it's a solution I can't accept. Ecologists, in my opinion, want to resolve one single problem. But solving only one problem on that scale becomes dangerous, because reality is so much more complex. Using sustainable, recycled materials is good, but one also has to take into account the cultural quality of the space. It's a very important factor.

Paris, December 2007

Andrea Branzi : En effet, on retrouve dans cette installation le thème de l'architecture en tant qu'activité moins figurative et plus enzymatique, c'est-à-dire qui transforme le territoire dans le sens horizontal, une architecture qui ressemble donc plus à l'agriculture qu'aux bâtiments exhibitionnistes contemporains. Je trouve le paysage agricole extraordinaire, parce que c'est une culture étendue, qui n'a jamais de périmètre défini, qui peut changer, un territoire presque infini qui change dans le temps (les cultures peuvent être changées sans grand problème) mais qui ne produit jamais de « cathédrale », c'est-à-dire de symbole fort. L'agriculture contemporaine est le niveau le plus avancé de la technologie, parce que c'est une technologie génétique liée à l'évolution du temps, des saisons, de la météorologie, et qui a un équilibre qui s'autoréorganise, qui change dans le temps. Je crois que le rapport entre l'architecture et l'agriculture est un thème d'avenir. À l'époque classique, l'agriculture était une réalité semi-architecturale et l'architecture une réalité semi-agricole, c'était un mélange (dans les campagnes méditerranéennes, on voit bien ce type de mixage très intéressant). Au XXᵉ siècle s'est réalisée une alliance entre l'architecture et l'industrie, qui est à l'origine de tous les grands mouvements modernes. Peut-être qu'aujourd'hui, avec les évolutions de la culture contemporaine, on peut penser à une nouvelle alliance entre l'architecture et l'agriculture. Dans mon travail je cherche ainsi très souvent à introduire directement dans l'architecture des éléments naturels, ou une forme symbolique liée à la nature.

Catherine David : Ce que vous énoncez de la dimension politique de votre travail peut renvoyer au « partage du sensible » tel que l'a défini Jacques Rancière, c'est-à-dire que ce potentiel, ce possible politique de l'œuvre n'est pas dans la gesticulation, la proclamation d'une position idéologique, mais dans un système de différences, de nuances, de qualités qui font qu'un sujet peut expérimenter, se penser et se (re)positionner dans l'espace sensible et politique.

Andrea Branzi : Je pense que le rôle de la démocratie n'est pas seulement la réalisation de la justice sociale. L'objectif de la démocratie, c'est la qualité de la *polis*. Réaliser un environnement de grande qualité. La politique a également pour objectif la justice, l'égalité, etc., mais elle ne peut se réaliser sans des résultats visibles. Il ne suffit pas de résoudre un seul problème. Le problème de l'égalité, c'est très important, mais si la ville n'est pas améliorée d'une manière visible, audible, réelle, ça devient une faute politique très grave. C'est une dimension à laquelle la politique actuelle commence à réfléchir, même si elle a tendance à ne s'intéresser qu'à un seul problème : la qualité de l'environnement, la question de l'écologie. Mais il s'agit là d'un élément parmi d'autres, et il faut faire attention en ne voulant répondre qu'à un seul problème à ne pas provoquer une catastrophe esthétique. Je suis toujours en conflit avec mes amis designers qui travaillent sur le design écologique et qui au final font des meubles en papier, qui sont des désastres esthétiques. Je leur dis qu'il faut faire attention parce que si un environnement plus préservé est un environnement plus désagréable, plus brutal, alors c'est une solution que je n'accepte pas. Les écologistes, à mon avis, cherchent à résoudre un problème et un seul. Et résoudre un seul problème devient dangereux à cette échelle parce que la réalité est bien plus complexe. Utiliser les matériaux durables, le recyclage, c'est bien, mais il faut également prendre en compte la question de la qualité culturelle de l'espace. C'est une donnée très importante.

Paris, décembre 2007

Dessins / Drawings

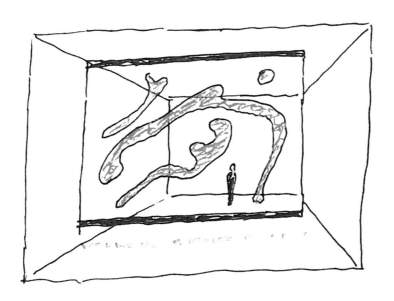

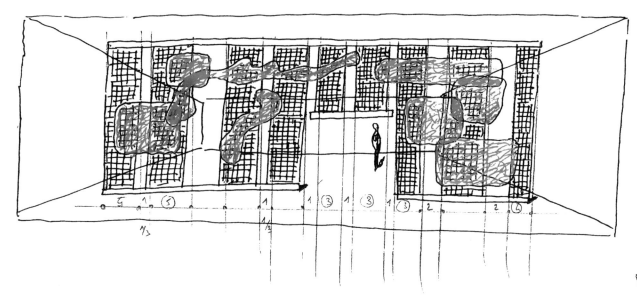

ESQUÁ A FAIRE
SUR MAQUETTE

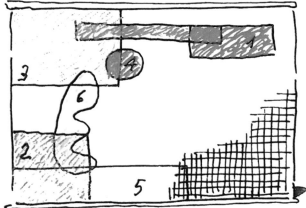

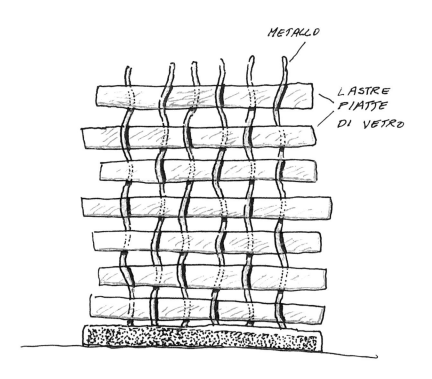

METALLO

LASTRE
PIATTE
DI VETRO

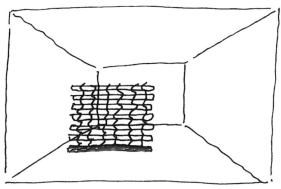

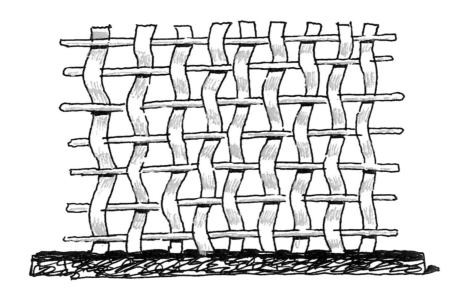

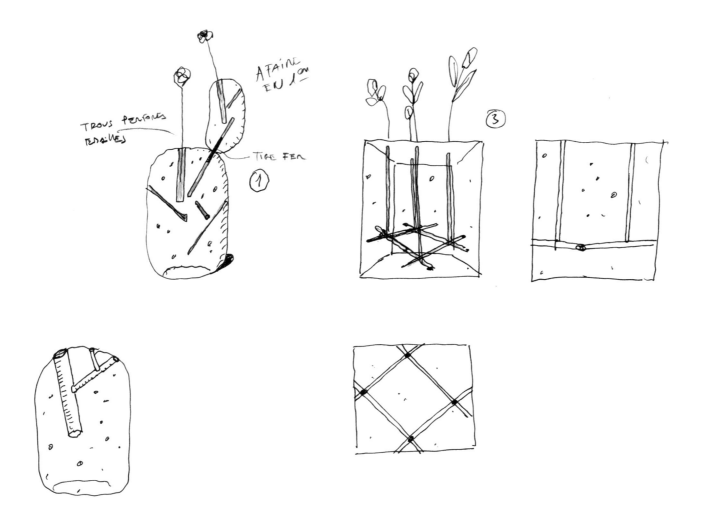

TROUS PERFORES
REDAILLES

A FAIRE
EN 1 cm

TIGE FER

①

③

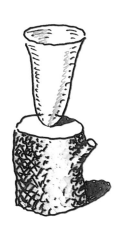

Cet ouvrage est publié à l'occasion de l'exposition Andrea Branzi, *Open Enclosures*,
présentée à la Fondation Cartier pour l'art contemporain
à Paris du 28 mars au 22 juin 2008.

This catalog was produced for the exhibition Andrea Branzi, *Open Enclosures*,
presented at the Fondation Cartier pour l'art contemporain
in Paris, from March 28 to June 22, 2008.

Liste des œuvres exposées / List of exhibited works

Ellipse, 2008
Structure en acier laqué blanc, lames de verre thermoformées, corde de chanvre teintée, étagère en plaques de verre ; 2,80 m x 14,30 m x 8,71 m
Développement : CIRVA, Marseille. Réalisation : Design Gallery Milano, Milan
Commande de la Fondation Cartier pour l'art contemporain, Paris

Animaux domestiques, 1985
(réédition en 2008)
Bouleau brut et bouleau vernis ;
canapé : 88 x 180 x 60 cm ;
fauteuils : 84 x 50 x 50 cm et 80 x 50 x 50 cm ;
chaise : 145 x 70 x 62 cm ; lit : 244 x 79 x 180 cm
Galleria Clio Calvi Rudy Volpi, Milan

Piccolo Albero, 1991
Bibliothèque en métal laqué gris et branche
d'arbre ; 195 x 90 x 30 cm ; éd. 20 pièces
Collection particulière, Paris
Production : Design Gallery Milano, Milan

Maru, série Uomini e Fiori, 2006
Bucchero (céramique noire) et métal ;
40 x 19 x 14 cm ; éd. 20 pièces
Design Gallery Milano, Milan

Giardino di Vetro, 2004
Lames de verre thermoformées et bois ;
250 x 240 x 50 cm
Développement : CIRVA, Marseille

Amnésie, 1992
Lampe en métal, plexiglas et papier ;
50 x 69 x 26 cm
Collection particulière, Paris
Production : Design Gallery Milano, Milan

Ipomea, 2000
Verre soufflé ; 47 x 25 x 25 cm ; éd. 12 pièces
Design Gallery Milano, Milan

Amnésie, 1991
Aluminium ; 52 x 12 x 12 cm ; éd. 50 pièces
Design Gallery Milano, Milan

Antheia, série Uomini e Fiori, 2006
Bucchero (céramique noire) et métal ;
48 x 28 x 14 cm ; éd. 20 pièces
Design Gallery Milano, Milan

Blister, 2004
Acier inoxydable, Corian et verre ;
40 x 42 x 22 cm ; éd. 20 pièces
Design Gallery Milano, Milan

Blister, 2004
Plexiglas sablé, verre soufflé,
métal, lumière intérieure ;
50 x 50 x 18 cm ; éd. 20 pièces
Design Gallery Milano, Milan

Blister, 2004
Acier inoxydable,
aluminium et verre ;
38 x 72 x 20 cm ; éd. 20 pièces
Design Gallery Milano, Milan

Canarie 2, série Basket, 2008
Verre soufflé ; 49 x 23 x 17 cm ; éd. 20 pièces
Design Gallery Milano, Milan

Canarie 1, série Basket, 2008
Verre soufflé ; 30 x 26 x 26 cm ; éd. 20 pièces
Design Gallery Milano, Milan

Equiseto, 2000
Verre soufflé ; 107 x 30 x 30 cm ; éd. 12 pièces
Design Gallery Milano, Milan

Blister, 2004
Plexiglas sablé et verre ;
47 x 49 x 18 cm ; éd. 20 pièces
Design Gallery Milano, Milan

Silver and Wood, 1999-2000
Argent tressé ; 18 x 18 x 18 cm ; éd. 25 pièces
Argentaurum Gallery, Deurle (Belgique)

Silver and Wood, 1999-2000
Tronc d'arbre et argent ;
40 x 20 x 20 cm ; éd. 25 pièces
Argentaurum Gallery, Deurle (Belgique)

Portali, 2007
Céramique ; 46,5 x 46,5 x 12 cm ; éd. 50 pièces
Superego Design, Asti (Italie)

Portali (vases jumeaux), 2007
Céramique ; 93 x 46,5 x 12 cm ; éd. 50 pièces
Superego Design, Asti (Italie)

Portali, 2007
Céramique ; 46,5 x 46,5 x 12 cm ; éd. 50 pièces
Superego Design, Asti (Italie)

Portali, 2007
Céramique ; 46,5 x 46,5 x 12 cm ; éd. 50 pièces
Superego Design, Asti (Italie)

Pitagora, 2005
Plexiglas ; 39,5 x 27,6 x 7,5 cm ; prototype
Metea, Villa Guardia (Italie)

Sciami, 2006
Plexiglas ; 30 x 54 x 25 cm ; éd. 8 pièces
Metea, Villa Guardia (Italie)

Enzimi, 2005
Plexiglas ; 19 x 59 x 5,5 cm ; éd. 20 pièces
Metea, Villa Guardia (Italie)

Enzimi, 2005
Plexiglas ;
35,5 x 35,5 x 11 cm ; éd. 20 pièces
Metea, Villa Guardia (Italie)

Tsukimi, 2007
Aluminium poli et laqué ;
25 x 32 x 32 cm ; éd. industrielle
Production : Fiorichiari, Toyama (Japon)

Symbiosi, 2005
Lames de verre thermoformées,
verre soufflé dans un moule,
fixations en plexiglas ;
69 x 70 x 18 cm ; éd. 6 pièces
Galleria Clio Calvi Rudy Volpi, Milan
Production / réalisation : CIRVA, Marseille

Symbiosi, 2005
Lames de verre thermoformées,
verre soufflé dans un moule,
fixations en plexiglas ;
62 x 70 x 18 cm ; éd. 6 pièces
Galleria Clio Calvi Rudy Volpi, Milan
Production / réalisation : CIRVA, Marseille

Sugheri, 2007
Liège et verre soufflé ;
71 x 40 x 28 cm
Galleria Clio Calvi Rudy Volpi, Milan
Production / réalisation : CIRVA, Marseille

Sugheri, 2007
Liège et verre soufflé ;
62 x 40 x 35 cm
Galleria Clio Calvi Rudy Volpi, Milan
Production / réalisation : CIRVA, Marseille

Sugheri, 2007
Liège et verre soufflé ;
48 x 28 x 28 cm
Collection particulière, Paris
Production / réalisation : CIRVA, Marseille

Immersioni, 2002
Pâte de verre colorée, polie et percée ;
rose : 12,3 x 12,1 x 12,2 cm ;
bleu : 18,3 x 22 x 6,3 cm ;
transparent : 17,7 x 22 x 6 cm ;
vert : 15,8 x 10,2 x 8 cm
Production / réalisation : CIRVA, Marseille

Gazebo, 2008
Structure en acier laqué blanc, grille en acier inoxydable, plaques de verre thermocollées, lit métallique, pull crocheté à la main en laine
feutrée verte et blanche (Nicoletta Morozzi), tapisseries de scoubidous tissés (Nicoletta Morozzi) ; 4,52 m x 6 m x 6 m
Développement : CIRVA, Marseille. Réalisation : Design Gallery Milano, Milan
Commande de la Fondation Cartier pour l'art contemporain, Paris

Pineta d'Architettura, 2007
Vidéo ; 5'20"
Réalisation : Sara Tajariol
et Séan Martin

Amnésie n° 3, 1991
Boîte en bois naturel et aluminium ;
30 x 20,5 x 20,5 cm ; éd. 20 pièces
Production : Design Gallery Milano, Milan

Patti Smith et Oliver Ray ont spécialement créé *Woolgathering* pour l'exposition Andrea Branzi (26').
Patti Smith and Oliver Ray created *Woolgathering* especially for the Andrea Branzi exhibition (26').

Acknowledgments

The Fondation Cartier pour l'art contemporain would like to warmly thank
Andrea Branzi for his energy, his generosity and the confidence he placed
in us throughout the preparation of this innovative project.

We wish to express our deepest appreciation to Nicoletta Morozzi
for her unfailing patience and gracious consideration of all of our requests throughout the preparation of this exhibition.
We would also like to thank her for her refined artistic contribution to the *Gazebo*.

We are profoundly grateful to Daniele Macchi who played an essential role
in putting this project together.

For his passionate involvement, his rigor and his keen eye in helping us realize
the installations, we would like to sincerely thank Mario Godani.

For their constant support and advice, we would like to extend our deepest thanks to Françoise Guichon, Huguette Epinat,
Pierre Hessmann and the entire staff and crew at the CIRVA, who made it possible for
the artist to carry out his research and experimentation.

We wish to thank Catherine David for her contribution to the catalog,
providing thoughtful insight into the world of Andrea Branzi.

Finally, a special thanks to Patti Smith and Oliver Ray, who created *Woolgathering*
specifically for the Andrea Branzi exhibition.

The Fondation Cartier would especially like to thank the lenders :

CIRVA, Marseille; Argentaurum Gallery, Deurle (Belgium);
Galleria Clio Calvi Rudy Volpi, Milan; Design Gallery Milano, Milan; Superego Editions, Asti (Italy);
Studio Branzi, Milan; Metea – New Methacrylic Transparencies,
Villa Guardia (Italy); Charles Zana, Paris

And additional thanks to everyone who contributed to this exhibition :

Luigi Arnaboldi, Paolo Cappelletti, Alexandru Gherjoba, Gianni Tagliabue,
Kai Juenemann, Marcella Lista, Xavier Rossignol

Remerciements

La Fondation Cartier pour l'art contemporain tient à remercier chaleureusement
Andrea Branzi pour la confiance qu'il lui a témoignée ainsi que pour son énergie et sa générosité
tout au long de la préparation de ce projet innovant.

Nous souhaitons exprimer notre profonde gratitude à Nicoletta Morozzi
pour sa patience et sa collaboration bienveillante au cours de la préparation de l'exposition.
Nous souhaitons aussi la remercier pour son travail tout en finesse sur le *Gazebo*.

Un grand merci également à Daniele Macchi qui a joué un rôle déterminant
dans l'élaboration du projet.

Pour son implication passionnée, sa rigueur et son œil avisé dans la mise en œuvre
des installations, nous remercions sincèrement Mario Godani.

Nous adressons nos plus vifs remerciements à Françoise Guichon, Huguette Épinat,
Pierre Hessmann et toute l'équipe du CIRVA pour avoir permis à l'artiste de développer ses recherches,
mais aussi pour leurs conseils et leur soutien de tous les instants.

Nous remercions Catherine David pour sa contribution au catalogue
qui a permis de donner accès à l'univers d'Andrea Branzi.

Enfin un remerciement particulier à Patti Smith et Oliver Ray
qui ont spécialement créé *Woolgathering* pour l'exposition Andrea Branzi.

La Fondation Cartier remercie vivement les prêteurs :

CIRVA, Marseille ; Argentaurum Gallery, Deurle (Belgique) ;
Galleria Clio Calvi Rudy Volpi, Milan ; Design Gallery Milano, Milan ; Superego Editions, Asti (Italie) ;
Studio Branzi, Milan ; Metea – New Methacrylic Transparencies,
Villa Guardia (Italie) ; Charles Zana, Paris

Que soient également remerciés tous ceux qui ont contribué à la réussite de cette exposition :

Luigi Arnaboldi, Paolo Cappelletti, Alexandru Gherjoba, Gianni Tagliabue,
Kai Juenemann, Marcella Lista, Xavier Rossignol

Exposition / Exhibition
Commissaire : Hervé Chandès
Conservateur en charge de l'exposition : Leanne Sacramone ; stagiaire : Magali Gallegos
Développement du projet et réalisation des éléments en verre : CIRVA, Marseille
Logistique : Corinne Bocquet ; stagiaire : Mathieu Cénac
Collaborateur : Daniele Macchi
Directeur technique : Mario Godani
Réalisation des structures en métal : Arnaboldi
Tissage sur métal : Nicoletta Morozzi
Installation : Gilles Gioan, Luigi Arnaboldi, Paolo Cappelletti, Alexandru Gherjoba
Lumières : Nicolas Tauveron
Son : Max Munoz
Fleurs : Rose Théâtre

Catalogue / Catalog
Conception, réalisation : Atalante, Paris
Édition : Adeline Pelletier assistée de David Lestringant
Stagiaires : Bertille Détrie et Nolwen Lauzanne
Traduction français / anglais : Jennifer Kaku
Relecture français : Foliotine, Paris
Relecture anglais : Gail de Courcy-Ireland
Photogravure : Janvier, Paris
Impression : Imprimerie des Deux-Ponts, Grenoble

Fondation Cartier pour l'art contemporain
Directeur : Hervé Chandès assisté de Pauline Duclos
Direction administrative et financière : Delphine Reffait assistée de Aideen Halleman
Développement : Sonia Perrin-Amara assistée de Cécile Chauvot
Conservateurs : Grazia Quaroni, Leanne Sacramone, Ilana Shamoon
Éditions : Marie Charvet (communication) et Adeline Pelletier (publications) assistées de David Lestringant
Site Internet : David Desrimais
Presse : Linda Chenit assistée de Anne-Sophie Gola
Les Soirées Nomades : Isabelle Gaudefroy (programmation) et Thomas Delamarre (production) assistés de Camille Chenet
Librairie, relations avec le public : Vania Merhar
Logistique : Corinne Bocquet assistée de Alanna-Minta Jordan
Installation des œuvres : Gilles Gioan
Gestion du personnel, comptabilité : Fabienne Pommier assistée de Cornélia Cernéa
Secrétariat : Ursula Thai, Isabelle Fauvel
Services généraux : François Romani

© Fondation Cartier pour l'art contemporain, Paris, 2008
Pour toutes les œuvres / For all works © Andrea Branzi
Photographies / Photographs © Patrick Gries

Ouvrage reproduit et achevé d'imprimer en avril 2008
par l'imprimerie des Deux-Ponts à Grenoble.

ISBN 978-2-86925-081-9

Fondation Cartier pour l'art contemporain
261 boulevard Raspail, 75014 Paris
fondation.cartier.com

Distributed in the United States of America by Thames & Hudson Inc.,
500 Fifth Avenue, New York, New York 10110

thamesandhudsonusa.com

ISBN 978-0-500-97680-7

Library of Congress Catalog Card Number 2007910132

Distributed in all other countries, excluding France, by Thames & Hudson Ltd,
181A High Holborn, London WC1V 7QX

www.thamesandhudson.com

ISBN 978-2-86925-081-9

Printed and bound in France

L'exposition Andrea Branzi, *Open Enclosures* est organisée avec le soutien de
la Fondation Cartier pour l'art contemporain, placée sous l'égide de la Fondation de France, et avec le parrainage de la Société Cartier.

The exhibition Andrea Branzi, *Open Enclosures* is organized with support from
the Fondation Cartier pour l'art contemporain, under the aegis of the Fondation de France, and with the sponsorship of Cartier.